はじめに

CONTENTS

- 2 　はじめに
- 6 　レシピを作る前に

CHAPTER 1
ひんやりぷるぷるスイーツ

- 10　いちごミルク生ようかん
- 12　まるごとメロンソーダ
- 14　ウォータードロップ
- 16　フラワーウォータードロップ
- 17　エッグウォータードロップ
- 18　ふるふるスコッププリン
- 20　ほくほくかぼちゃプリン
- 22　固めながら食べるコーヒーゼリーフロート
- 24　ステンドグラスポンチ
- 26　はじける！POPフルーツゼリー
- 28　のび〜るアイスもち
- 30　ひんやり串わらびもちアイス
- 32　キュートに飾った乙女かん
- 34　ミニトマトのコンポート
- 36　フルーツたっぷりマチェドニア
- 38　COLUMN 寒天・ゼラチン・アガーの特性

CHAPTER 2
ひとくちスイーツ&ドリンク

- 42　夜空の琥珀糖
- 44　お好みのフレーバーで九龍球
- 46　2層のグミ
- 48　しゅわしゅわ食感!ラムネチョコ
- 50　さくさくナッツのチュイール
- 52　もちもち小豆くるみもち
- 54　キャンディーシロップ
- 56　自家製フルーツビネガー
- 58　自家製フルーツシロップ
- 60　HOT CHOCO DRINK

CHAPTER 3
焼き菓子

- 66　ブラウニー生チョコサンド!
- 68　メレンゲスフレパンケーキ
- 70　カラフルミルクレープ
- 72　大人のブルーチーズケーキ
- 74　オーブン不使用!ステンドグラスクッキー
- 76　ほぼチョコとナッツのドロップクッキー
- 78　ほぼクリームチーズのレモンクッキー
- 80　もっちもち!ひとくちポンデ
- 82　フライパンで!モンキーブレッド
- 84　フライパンで!ふわふわクリームパン
- 86　リンゴのガトーインビジブル
- 88　じゃがいものガトーインビジブル
- 90　ハニーチーズハッセルバック
- 92　スイート大学いも
- 94　COLUMN おまけのアレンジレシピ

レシピを作る前に

CHAPTER 1
ひんやり ぷるぷる スイーツ

材料
（18.5×18.5cmのバット1枚分）

- **A** 粉寒天…4g　水…100cc
- **B** 牛乳…350cc　生クリーム…50cc　砂糖…50g
　　バニラエッセンス…少々
- ■ いちご…16粒

1 鍋にAを入れて3分間沸騰させたら、Bも加えてひと煮立ちさせて火を止める。

寒天と水だけで煮ることで固まらなくなる失敗を防ぐよ！

2 いちごはへたを取り、縦半分に切る。

3 容器にいちご半量を敷き詰めて1を流し、更に残りのいちごをのせる。

まずは16個並べていくよーっ
上手！上手！

トポポ…

残りの16個も並べて…
ヨッヨッ

4 冷蔵庫で冷やし固めたら、好みの大きさにカットする。

いちご以外のフルーツで作ってもンンンまい〜っ

ムシャムシャ
ハマッタ…

まるごとメロンソーダ

材料
(小さめメロン1個分)

- メロン…1個
- サイダー…250cc
- バニラアイス…適量
- チェリー(缶詰)…好みで
- ミント…好みで

1 洗ったメロンの上部を切り落とし、種とワタを取り除く。果肉を丸くくり抜き、冷凍庫に入れて2時間凍らせる。

計量スプーンを使うと丸い形にくり抜けるよ〜
ぐらぐら不安定な時は底も少し切り落とそう

2 余分な果肉もくり抜き、器を作ったら、ラップをして冷蔵庫で冷やす。

果汁は中に残しておいてね

ビシッ!

3 メロンの容器に凍らせた果肉を入れ、サイダーを注ぐ。そっとアイスをのせ、チェリーとミントで飾りつける。

ポイ ポイ ポイ

チューチュー

レモン汁とウォッカを足すと大人用メロンソーダに!

本当にマロくんはお酒スキだね… ハー ハー

材料 (6個分)	■ アガー…21g ■ 水…750cc	■ 黒蜜、きな粉、カルピス(原液)、 果実酒(原液)など…好みで

大きめの球体の製氷皿を用意する。

直径5〜6cmの製氷皿を使っています！
よく、100円SHOPにも売っているので見てみて

シリコンカップや
プリンカップでも作れるよ〜

アガーはとってもダマになりやすい！
だからあらかじめ水と合わせておくんだ

ちなみにぼくは
クールアガーを
使っているよーっ

ボウルにアガーを入れたら、水750ccのうち150ccをほんの少しずつ加えながら混ぜる。

1分間沸騰させることで
アガーがまんべんなく溶ける〜！

鍋に2と残りの水を入れ、1分間沸騰させたら製氷皿に注いでふたを閉め、冷蔵庫で3時間ほど冷やし固める。

やけどに気を付けてねっ

ヒューン

ココ ↓   ↓ ココ

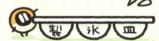

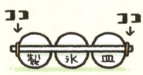

型に注ぐ　　　ふたを閉める　　　輪ゴムをかけるとGOOD!

＼アガーの量で好みのかたさに！／

アガー 18g
(重さで潰れる フルフルさ)

アガー 21g
(程良い弾力)

アガー 25g
(弾力ある キレイな球体)

製氷皿から出し、好みの味つけをして召し上がれ〜！

実はぼくは
18gがスキ〜(笑)

フラワーウォータードロップ

材料（6個分）
- アガー…25g
- 水…750cc
- 食用の花…適量

A
- ジャスミン茶…200cc
- 砂糖…大さじ2

前のページのやり方で
アガーを溶かしていくよ
今回はキレイな球体にするので
アガーは少し多めだね〜

1 ボウルにアガーを入れたら水750ccのうち150ccをほんの少しずつ加えながら混ぜる。

花以外に、フルーツを入れても
キレイでカワイイよ〜っ

2 鍋に1と残りの水を入れ、1分間沸騰させたら球体の製氷皿に注ぐ。食用の花をいったん液体にくぐらせてから、容器のふたの裏にはりつけて容器を閉め、冷蔵庫で3時間ほど冷やし固める。

3 小鍋にAを入れて沸騰させ、冷やしてジャスミンシロップを作っておく。

4 製氷皿から出し、器に盛り、ジャスミンシロップをかける。

エッグウォータードロップ

材料（6個分）	■ さつまいも…100g ■ クチナシの実（あれば）…1個 A 砂糖…大さじ1 バター…8g	B アガー…5g 砂糖…15g ■ 水…160cc ■ 黒蜜…好みで

1 小鍋に、皮をむいて半月切りにしたさつまいもと水適量（分量外）、半分に切ったクチナシの実を入れて火にかけ、さつまいもがすっかりやわらかくなるまでゆでる。

クチナシのおかげでキレイな黄色いスイートポテトあんになるよ！なくても作れるので安心してね

2 さつまいもが熱いうちによく潰し、Aを加えて混ぜる。それを6等分して丸めたら、球体の製氷皿にそれぞれ1つずつ入れる。

おいもは、裏ごしするとなめらかな仕上がりに♪
製氷皿は球状の大きいものを使ってね！
小さめのお茶わんなどでもできちゃうよ～

3 ボウルにBを入れてよく混ぜたら、160ccの水をほんの少しずつ加えながら混ぜ、ダマができないようにアガーを溶かす。

水を少しずつ加えるのが上手に溶かすコツ…‼

黒蜜がお醤油みたい～っ
見た目は卵なのに周りはプルン
中はしっとり甘～くてンンンまい～っ

4 小鍋に3を入れ、2分間沸騰させたら2の製氷皿に6等分になるように注いでラップをかけ、冷蔵庫で1～2時間ほど冷やし固める。好みで、黒蜜をかけて召し上がれ～！

このエッグウォーターは半球の仕上がりだよ

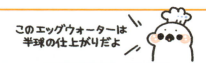

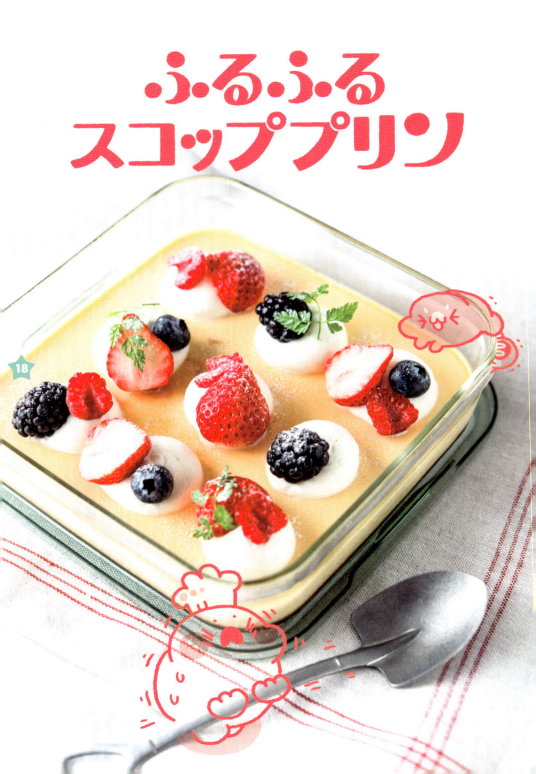

材料	A	砂糖…50g 水…大さじ1	B	卵…3個 牛乳…300cc 砂糖…45g バニラエッセンス…少々 ラム酒(好みで) …小さじ1
(幅18.5× 奥行18.5× 高さ5.5cmの 耐熱容器1つ分)		■生クリーム、フルーツ、 　チャービル、 　粉砂糖など…好みで		

1 小鍋にAを入れたら、ゆすりながら中火にかける。砂糖が溶けて赤茶色になったら、一度火からおろし水大さじ2(分量外)を一気に加えてなじませ、カラメルを作る。カラメルは容器の底に流しておく。

このくらいの色合いが目安だよ！

一度こすことでキレイな仕上がりになるんだ〜

2 ボウルにBを入れ、よく混ぜたら一度こし、1の容器にゆっくり流し入れる。

布巾で覆ったふたをすることで水滴がプリンに入るのを防ぐよ！

3 フライパンに高さ2cmほどの熱湯を沸かしておく。2の容器を入れ、布巾で覆ったふたをして、極弱火で30分蒸し焼きにする。火を消して、そのままふたを取らずに更に30分余熱で火を通す。

デ…デコレーション…

4 3のプリンを冷蔵庫で十分冷やしたら、生クリーム、フルーツ、チャービル、粉砂糖などで飾りつける。

2の生地に抹茶やココアを加えるだけでお手軽にアレンジできちゃうよーっ

材料
（幅9×奥行18.5×高さ5.5cmの耐熱容器2つ分）

A
- 砂糖…60g
- 水…大さじ1

■ かぼちゃ…250g（正味）

B
- 卵…2個
- 牛乳…180cc
- 砂糖…50g
- バニラエッセンス…少々
- ラム酒（好みで）…小さじ1

■ 生クリーム、ナッツなど…好みで

カラメル作りはさっきのスコッププリンと一緒だね

1 小鍋に**A**を入れたら、ゆすりながら中火にかける。砂糖が溶けて赤茶色になったら、一度火からおろし水大さじ2（分量外）を一気に加えてなじませ、カラメルを作る。カラメルは容器の底に流しておく。

かぼちゃも一緒にこすのは少し大変だけど、これをするだけで舌触りがとってもよくなる～っ

2 かぼちゃの皮とワタを取り除き、小さく切ったら水小さじ2（分量外）を加えて500Wの電子レンジで4分加熱し、温かいうちに潰す。ボウルに**B**とかぼちゃを入れ、よく混ぜたら一度こして**1**の容器にゆっくり流し入れる。

3 フライパンに高さ2cmほどの熱湯を沸かしておく。**2**の容器を入れ、布巾で覆ったふたをして、極弱火で30分蒸し焼きにする。火を消して、そのままふたを取らずに更に30分余熱で火を通す。

まだ30分の余熱終わってないよ…？

シナモンなどのスパイスをきかせてもンンンまい～

ぼくも食べたい!!

4 **3**のプリンを冷蔵庫で十分冷やしたら生クリームやナッツなどで飾りつける。

固めながら食べる コーヒーゼリーフロート

材料 (1人分)	A	コーヒー…100cc 粉ゼラチン…5g 砂糖…小さじ2	■ バニラアイス…適量 ■ ミント…好みで

1 マグカップに A を入れ、500Wの電子レンジで1分加熱する。よく混ぜて、人肌よりも冷たくなるまで冷やす。

コーヒーは市販のアイスコーヒー(無糖)でオッケーだよ〜!

アイスはディッシャーで丸くしてもヨシ!
カップアイスをそのまま入れてもヨシ!

2 少し深めの器にアイスを入れたら、1のコーヒー液を半分くらい回しかけて少し待ち、好みでミントを飾る。

3 コーヒー液が固まってきたら食べ頃。アイスとゼリーを一緒にすくって食べる。残りのコーヒー液も好みのタイミングで加えながら、召し上がれ!

今回はバニラアイスだけどお好みのアイスでアレンジしてもンンンまい〜!!!

ゼリーがフルフル〜
アイスはとろ〜り

材料 (2〜3人分)

- A 水…20cc×4
  粉ゼラチン…小さじ1×4
- かき氷シロップ
  （いちご・ラムネ・メロン・レモン）…各40cc
- サイダー…適量
- レモン…適量
- チェリー…適量

1 耐熱容器を4つ用意して等分にAを入れ、ゼラチンをふやかしておく。それぞれ500Wの電子レンジで30秒加熱する。味別になるようにかき氷シロップを加え、それぞれに水6ccずつ（分量外）を加える。

2 よく混ぜたら、冷蔵庫で固まるまで冷やす。

3 2のゼリーを正方形にカットしてグラスに入れる。そこにサイダーを注ぎ、レモンとチェリーをのせる。

材料（カップ3つ分）

A
- 炭酸水（無糖）…500cc
- いちご…9粒
- 皮ごと食べられるぶどう（2種）…各9粒
- キウイ…1個

- ■ サイダー…300cc
- ■ 粉ゼラチン…6g
- ■ ミント…適量

1 Aのいちご、ぶどう、キウイは洗い、よく水気を切る。キウイは半分に切る。Aを密閉式保存袋に入れ、6時間浸ける。

緑と黄色のキウイを半々で浸けるとキレイ！

イイネーッ

2 サイダー300ccのうち30ccにゼラチンを加え、500Wの電子レンジで30秒加熱する。混ぜながら冷まし、とろみがついてきたら残りのサイダーも少しずつ加え、冷蔵庫で冷やす。

サイダーは常温で作ろう！冷たいと、固まりにムラが出ちゃうんだーっ

ヨッ ヨッ

サイダーゼリーは甘さ控え目なのでお好みで砂糖を加えてね 他の炭酸ジュースでも作れるよ～

なんとーっ

3 1のフルーツを取り出す。キウイは皮をむき、一口大にカットする。2のゼリーはフォークで混ぜて、細かく崩す。

4 カップにフルーツとサイダーゼリーを交互に盛り、ミントを添える。

フルーツもゼリーもシュワシュワなデザート!!

のび〜る アイスもち

材料 （カップアイス 1個分）	■ 好みのカップアイス 　…1個 ■ 黒蜜…適量	A	白玉粉…10g 砂糖…10g サラダ油…小さじ1 水…20cc

1 カップアイスをボウルに出したら黒蜜をまばらに加え、ざっくりと混ぜて器に入れ、冷凍庫で冷やしておく。

2 耐熱皿にAを入れ、よく混ぜたら500Wの電子レンジで1分加熱し、透明なもちになるまで練る。できあがったもちは冷ます。

おもちは冷めても固まらないレシピになっているよ〜！

この他にも、アイスにチョコチップや抹茶ソース、ラム酒に漬したレーズン、ジャムなどを混ぜれば、お手軽にオリジナルおもちアイスができちゃう！

3 1のアイスの上に2をのせて完成！

おもちアイスは30分ほどなら冷凍庫に入れてもOKだよ〜！

ひんやり串わらびもちアイス

材料（各4串分）

	【黒ごまわらび串】	【抹茶わらび串】	【チョコわらび串】
A	わらびもち粉…25g 水…100cc 砂糖…30g 黒すりごま…大さじ1	わらびもち粉…25g 水…100cc 砂糖…30g 抹茶パウダー…小さじ1	わらびもち粉…25g 水…100cc 砂糖…20g 板チョコ(刻む)…1/2枚(25g)
B	黒すりごま…適量	きな粉…適量	ココアパウダー…適量

1 フライパンにAを入れ、よく混ぜて溶かしたら弱火にかけ、生地に透明感が出るまで練る。

タッパーがなくても大丈夫！牛乳パックの底の部分が使えるよ～っ

2 小さめのタッパーにラップを敷き、1の生地を流し入れ、冷蔵庫に入れて冷たくなるまで冷やす。

3 2の生地を12等分にカットしたらそれぞれBをまぶして、竹串に3つずつ刺す。

このまま食べてもンまい～けどまだ完成じゃないよっ！

届かない…

シャリシャリ食感なのにとってもモッチリ～!!
これは…新食感だーっ

4 1串ごとにラップでくるみ、2時間ほど冷凍する。

キュートに飾った乙女かん

| 材料 (3〜4人分) | A | 粉寒天…2g
水…170cc | B | 白あん…200g
砂糖…大さじ1
■生クリーム…適量 |

はじめに水と粉寒天だけを加熱するのが成功の秘訣！

1 フライパンにAを入れて混ぜ、2分間沸騰させたらBを入れ、更によく混ぜて火を止める。

2 四角い容器に1を流し入れ、冷蔵庫で冷やす。固まったらカットし、生クリームでデコレーションする。

チャイの乙女かん

- Aの水を70ccに変更する。
- 耐熱容器に牛乳100ccとアッサムの茶葉5gを入れ、500Wの電子レンジで1分加熱し、2分間冷ましたものを1に加える。
- 仕上げにくるみとパンプキンシードをのせる。

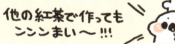

他の紅茶で作ってもンンまい〜!!!

レモンの乙女かん

- Bにレモン汁小さじ2を追加する。
- 仕上げにレモンやライムをのせる。

食べられないよう見張るぞーっ

酸味がさわやか〜っ

コーヒーの乙女かん

- Bの白あんを、こしあんか粒あんに変更する。
- Bにコーヒー（インスタント）小さじ2を追加する。
- 仕上げにラム酒漬けレーズンをのせる。

溶かした板チョコ1枚を加えて作るとチョココーヒー味に!!

ミニトマトのコンポート

| 材料
(2〜3人分) | A | ■ミニトマト…200g
水…80cc
白ワイン…90cc
砂糖…大さじ1と1/2
塩…ひとつまみ | ■ミント…適量 |

1 ミニトマトのへたの反対側に爪楊枝で小さい穴をあける。ボウルに入れて熱湯を注ぎ、5分ほどたったら流水にあてながら、皮をむく。

へたを取ってから洗い、水気を切る

爪楊枝で浅く刺す

流水にあてつつ皮をむく

2 小鍋にAを入れ、沸騰させたら火を止め、1のミニトマトを投入。

ノンアルコールで作る場合は
A（水…170cc／レモン汁…小さじ1／砂糖…大さじ1／塩…ひとつまみ）
に変更して作ってみてね〜っ

3 シロップごと密閉式保存袋に入れてミントを散らしたら、冷蔵庫でよく冷やして完成！

ひと晩ねかせるとよりおいしくなるよ！

フルーツ
たっぷり
マチェドニア

| 材料
(3人分) | A | バナナ…1本(100g)
キウイ…1個(100g)
ブルーベリー…100g
ラズベリー…100g | B | 砂糖…大さじ2
レモン汁…大さじ1
■ミント…5g
■アイス…適量 |

1 Aのバナナとキウイは皮をむき、小さめにカットする。

フルーツはお好みのもので作ってもらってオッケー!!

春はいちご!
夏はスイカや桃
秋は梨でしょ〜っ
冬はね〜…

レモン汁を全体に混ぜることで変色を防ぐんだ!

2 ボウルにAを入れたらBとみじん切りにしたミントを加えてよく混ぜ、冷蔵庫で2時間ほど冷やす。

大人だけのレシピメモ!
ここでブランデー大さじ1を加えると、更にンンまい〜マチェドニアになるよ!

ギュッ

ブランデーの他にもラム酒や白ワインで試してみて〜っっ

3 皿に2を盛り、アイスクリームをのせて完成!

ゴールデンキウイ入りもキレイ〜!

大人用のマチェドニア
もぐ もぐ
ンンンンンンまい〜っ

寒天・ゼラチン・アガーの特性

ここでは、ゼリーなどを固める時に使う寒天・ゼラチン・アガーの違いを紹介するよ
それぞれ、固まる温度・溶ける温度・食感が違うから、お好みで使い分けてみてね〜！

仕上がりは濁った白色	仕上がりは薄い黄色	仕上がりは無色透明
 サクッほろっ	 プルンッモチッ	 ふるふるスルンッ
歯切れがよい食感	弾力が最も強い	ゼラチンよりやわらかな弾力
40〜50℃で固まる	20℃以下で固まる	30〜40℃で固まる
常温でも溶けない	25℃くらいで溶け始める	常温でも溶けない
先に水と寒天を鍋に入れ沸騰させて寒天を完全に溶かしてから他の材料（フルーツ・ジュース等）を加える	生のキウイやパイナップルなど（缶詰を除く）たんぱく質を分解する酵素を持っているフルーツを加えると固まらない	ダマになりやすいのでアガーと砂糖をあらかじめよく混ぜ少しずつ水を加えてよく溶かす

ぼくはサクッと食感が好きだから次のステンドグラスポンチは寒天で作ってみようかな〜っ

ぼくはふるふるが好きだからアガーにする——!!

CHAPTER 2
ひとくち スイーツ &ドリンク

夜空の琥珀糖

材料 (作りやすい分量)	■ 糸寒天…5g ■ 水…200cc ■ 砂糖…350g	■ 着色料(青)…少々 ■ 着色料(黒)…少々 ■ 金箔…好みで

1 寒天はたっぷりの水（分量外）で半日〜1日ふやかしておく。鍋に水を切った寒天と水を入れ、中火にかける。寒天が溶けたらこして砂糖を加え、再び火にかけ、糸を引くまで煮詰める。

2 深めの容器を3つ用意し、それぞれに水またはジン小さじ1ずつ（分量外）を入れる。1つに青の着色料、1つに青と黒の着色料を入れ、1つはそのままにし、青色と紺色と透明の3色を作っておく。1の寒天液を容器に3等分して入れ、それぞれよく混ぜる。

3 別の大きな容器に、青→紺→透明の順に寒天液を入れる。ムラを残すように混ぜ、好みで金箔をふり、冷蔵庫で2〜3時間ほど冷やす。

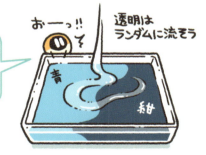

4 固まったら包丁や手でちぎるように不揃いの形にカットし、クッキングシートに重ならないように並べる。冬場は4日、夏場は1週間ほど乾燥させれば完成！

お好みのフレーバーで九龍球

材料（22〜25個分）

A
- 粉ゼラチン…12g
- 水…250cc
- ■好みのティーバッグ…1個

B
- 砂糖…大さじ2
- レモン汁…小さじ1
- ■いちごやブルーベリーなど好みのフルーツ…適量

1 小鍋にAを入れて混ぜ、ゼラチンをふやかしておく。ティーバッグを入れ、1分間沸騰させたらティーバッグを取り出し、Bを加えて混ぜ溶かす。火を消して、少し冷ます。

ティーバッグはお好みのものを使用してね〜！ぼくはピーチ&ライチで♪

2 フルーツは小さめにカットする。

フルーツが大きいと球体がキレイに仕上がらないんだ
ハイッ！

3 小さい球状の製氷皿に2を入れたら1のゼラチン液を注ぎ、そっとふたをする。

フルーツはたくさん入れすぎないように注意してね！目安は半分より多くならないくらい

ちなみにゼラチン12g→粉寒天2gに変更しても作れるよ〜っ
ゼラチンは弾力あるフルフルした仕上がり
寒天はサクッと歯切れのよい仕上がりに！

4 冷蔵庫で1時間ほど冷やし、固まったらそっとふたを外して取り出す。

キレーッ

ふたを取る時に、両面からお湯を少しかけてあげると上手く取れやすいので、やってみて♪

材料
（チョコグミ12個＋コーヒーグミ12個分）

A
- 牛乳…35cc
- 粉ゼラチン…3g
- ■板チョコ…1/2枚(25g)

B
- 牛乳…50cc
- 粉ゼラチン…8g

C
- コーヒー（インスタント）…小さじ1
- 砂糖…大さじ1と1/3

D
- 牛乳…100cc
- 粉ゼラチン…16g

E
- 砂糖…大さじ2と2/3
- バニラエッセンス…2滴

1 Aを耐熱容器に入れてゼラチンを十分ふやかしたら、500Wの電子レンジで30秒加熱してよく混ぜる。

ゼラチンはよ〜くふやかしてね 固まらない失敗を防ぐよっっ

容器は小さめの四角いものがオススメ！ 牛乳パックの底なんてピッタリだよ〜 これでチョコのグミは完成！

2 板チョコは細かく刻み、湯煎にかけて溶かしたら1を加えてよく混ぜ、ラップを敷いた容器に流す。冷蔵庫で2〜3時間ほど冷やし固める。

3 Bを耐熱容器に入れてゼラチンを十分ふやかしたら、500Wの電子レンジで40秒加熱してよく混ぜる。そこにCを加えてよく混ぜ、ラップを敷いた別の容器に流す。冷蔵庫で2〜3時間ほど冷やし固める。

インスタントコーヒーの代わりに濃い目にいれたコーヒー50ccで作っても!! これでコーヒーのグミも完成！

コーヒーは苦いよ！？ 大丈ま!?

ミルクグミは、ほんの少しだけバニラエッセンスを入れるとおいしさがUPするよ〜っっ

4 Dを耐熱容器に入れてゼラチンを十分ふやかしたら、500Wの電子レンジで50秒加熱してよく混ぜる。そこにEを加えてよく混ぜ、2と3の容器に半分ずつ流し入れ、冷蔵庫で2〜3時間ほど冷やし固める。固まったらそれぞれ12等分にカットする。

他にもお好みのドリンクでグミを作ってみてね〜

しゅわしゅわ食感!
ラムネチョコ

| 材料
(40〜50個分) | ■ ホワイト板チョコ
　…2枚(100g)
■ レモンの皮…1/2個分 | A｜クエン酸…小さじ1/2
　重曹…小さじ1/3 |

1 ホワイト板チョコを細かく刻み、湯煎で溶かす。

湯煎は50〜55℃のお湯を使おう！
熱すぎると、風味も飛ぶし、
油と分離して、ドロドロになっちゃう…

手で触って、アチチ〜って
なるくらいが目安だよ。

2 1を人肌になるまで冷まし、レモンの皮をすりおろしたものとAを加えよく混ぜる。

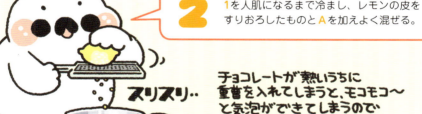

チョコレートが熱いうちに
重曹を入れてしまうと、モコモコ〜
と気泡ができてしまうので
人肌になるまで絶対冷まそう！

3 2が温かいうちに絞り袋に入れ、クッキングシートに好みの形に絞り出したら、固まるまで冷蔵庫で冷やす。

チョコレートは型に流して固めても！
ホワイトチョコの他に、いちごの板チョコ
などで作ってもンンンまい〜っ

しゅわしゅわだ〜
新食感だ〜っ

さくさくナッツのチュイール

| 材料
（20枚分） | A | 卵白…1個分
砂糖…大さじ3
溶かしバター…大さじ1
薄力粉…大さじ1
バニラエッセンス…適量 | ■アーモンド
　スライス…60g |

1 ボウルにAを入れてよく混ぜる。アーモンドスライスを加え、生地を絡ませるように混ぜる。

アーモンドスライスが割れないようやさし〜く絡ませてね
細かく刻んだくるみを加えても！

ここがポイント！
薄くしないと、しけったような食感になってしまうよ〜っ

2 トースターの天板にクッキングシートを敷き、1をごく薄くのばしながら入れる。

トースターによって火力に差があるのではじめに何枚か焼いてみて！
すぐに焦げるようなら700Wに下げて焼き時間を増やしてみるといいよ

3 アルミホイルで生地を覆ったら、1000Wのトースターで10分加熱し、扉を開けずに5分放置する。

我が家のは奥がすごく焦げやすいよね

アーモンドスライスをごま（白でも黒でも）40gに変更してもンンンまい〜っ

はっ…ズルイ!!

もちもち
小豆くるみもち

| 材料
(8個分) | ■ くるみ…15g
A { 白玉粉…40g
絹ごし豆腐…20g
水…25cc | ■ 粒あん…70g |

1 くるみはざっくり刻んでフライパンで乾煎りしておく。

香ばしさがUPして仕上がりがおいしくなる！

白玉粉は使う前にめん棒や瓶で細かくしておくと、混ざりやすくなるよ

2 耐熱ボウルに**A**を入れ、ダマがなくなるまで練ったら、くるみと粒あんを加えて混ぜる。

練る時に少し力が必要！やけどしないように気を付けてね

3 ラップをかけずに500Wの電子レンジで2分加熱し、よく練る。更に500Wで1分加熱し、よく練る。

片栗粉をきな粉に変更してもンンンまい〜っ♪

もっち…
もっち…

4 クッキングシートに片栗粉適量（分量外）を敷き、**3**をのせたら、片栗粉をまぶしながら四角くなるように形を整える。冷めるまで待ち、包丁で押し切るようにカットする。

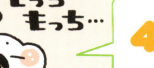

お豆腐が入っているので翌日も、冷めても、もっちもち〜

キャンディー シロップ

材料（小瓶1個分）
- 氷砂糖…100g
- 酒…30cc

ホットコーヒー、ホットミルク、紅茶などに溶かして飲んでね！

 小瓶を煮沸消毒してよく乾かし、氷砂糖と酒を入れる。毎日軽く振って砂糖を溶かす。1～2週間おいたら完成。

RUM CANDY SYRUP
- 氷砂糖…100g
- ダークラム酒…30cc

ラムはお好みのもので！ホワイトはライト、ゴールドはミディアム（軽い）、ダークは深い味わいに！

WHISKY CANDY SYRUP
- 氷砂糖…100g
- ウイスキー…30cc
- バニラビーンズ…1本

バニラビーンズの代わりにバニラエッセンス少々でもOK！

AMARETTO CANDY SYRUP
- 氷砂糖…100g
- アマレット…30cc

アーモンドのような香りになるよ～っ！

ORANGE CANDY SYRUP
- 氷砂糖…100g
- オレンジキュラソー…30cc
- オレンジピール（輪切り）…1枚

ホワイトキュラソーでも作れる！銘柄にもよるけど、オレンジの方がホワイトより甘み・風味が強い！

自家製
フルーツビネガー

材料 (小さめの 密閉容器 各1個分)	【いちごビネガー】 ■ いちご…140g A ｜米酢…140cc ｜氷砂糖…140g	【キウイビネガー】 ■ キウイ…140g A ｜米酢…140cc ｜氷砂糖…140g	【ザクロビネガー】 ■ ザクロ…150g A ｜米酢…150cc ｜氷砂糖…120g

1 フルーツを洗い、よく水気を切ったら下処理をする。
いちご…へたを取る。
キウイ…皮をむきスライスする。
ザクロ…実をほぐす。

フルーツの水気はよ～く切ってね！
カビが生える原因になるんだ…

2 煮沸消毒し、よく乾かした容器に1のフルーツとAを入れる。

3 1週間常温保存し、毎日振って砂糖を溶かしたら完成！ 1週間後にフルーツを取り出して冷蔵保存すれば、半年～1年保存可能。

ソーダや牛乳し、豆乳しで割って飲んだり
ヨーグルトやアイスにかけてね！
疲労回復、代謝UP、血液サラサラ効果
もあるし、とってもンンンまい～っ♦♦

ザクロのように甘めのフルーツは
少し砂糖を減らして作るといいよ
基本的には、フルーツ・酢・砂糖は同じ重さ！！

材料 (小さめの 密閉容器 各1個分)	【レモンシロップ】 ■レモン 　…2個（200g） ■氷砂糖…100g ■はちみつ…100g	【キウイシロップ】 ■キウイ 　…2個（200g） ■氷砂糖…200g	【パイナップル シロップ】 ■パイナップル 　…200g ■氷砂糖…200g

1 フルーツを洗い、よく水気を切ったら下処理をする。
レモン…両端を切り落とし薄くスライスする。
キウイ…厚さ7mmほどの輪切り。
パイナップル…いちょう切り。

水気が少しでも残っているとカビが生えて失敗してしまうので注意してあげてね！
包丁・まな板もチェックだ〜！

レモンシロップのはちみつは最後に加えればOK〜

ピトッ

2 煮沸消毒してよく乾かした容器に、フルーツを半分、氷砂糖を半分、フルーツを半分、氷砂糖を半分と、層になるように入れてふたをする。

もし、泡が立ち始めていたらカビが生える可能性があるので瓶の中身を小鍋に移し、一度火を通してあげよう———っ

3 冷暗所で保存し、毎日振る。1週間ほどで氷砂糖が溶けたら完成。フルーツを取り出して冷蔵保存すれば、2週間保存可能。

【 自家製シロップの楽しみ方 】

炭酸水で
割って…

ヨーグルトに
入れて…

かき氷に
かけて…

はーいの
ポーズ
ピッ

HOT CHOCO DRINK

材料 (マグカップ1杯分)	■ 牛乳…300cc ■ 板チョコ…1枚(50g)

 鍋に牛乳を入れ、弱火で沸騰直前まで温めたら火を止め、刻んだ板チョコを加えて溶かすだけ！

ビターホットチョコ
板チョコをビターに変更する。
仕上げにブランデーをたらしても。

スパイシーホットチョコ
仕上げにシナモン、カルダモン各適量を加え、軽く混ぜる。

濃厚ホットチョコ
牛乳の部分を、牛乳250ccと生クリーム50ccに変更する。

コーヒーホットチョコ
牛乳にコーヒー（インスタント）を小さじ1加える。板チョコはビターを使用。

レモンホットチョコ
すりおろしたレモンの皮1/6個分を牛乳と一緒に温める。仕上げにホイップクリームをのせ、すりおろしたレモンの皮を散らす。

ティーホットチョコ
牛乳に好みの紅茶のティーバッグ2個を入れて温め、取り出す。

【アルコール入り】

ほろ酔いホットチョコ
仕上げに好みの酒（焼酎、ラム酒、ブランデーなど）を小さじ1～2入れる。

赤ワインホットチョコ
牛乳は入れずに赤ワイン50ccを温めて板チョコを溶かし、生クリーム100ccを加えて更に温める。好みでホイップクリームをのせ、シナモンスティックを添える。

【チョコを代えて】

バニラホットチョコ
板チョコをホワイト板チョコ30gに変更し、バニラエッセンス少々を加える。

抹茶ホットチョコ
板チョコをホワイト板チョコ30gに変更し、抹茶小さじ2を加える。

【トッピングを豪華に】

バナナホットチョコ
好みのホットチョコドリンクに、軽くソテーした薄切りバナナ適量をのせる。

マシュマロホットチョコ
好みのホットチョコドリンクに、マシュマロ2～3個をのせる。

CHAPTER 3
焼き菓子

ブラウニー生チョコサンド！

材料（6〜8個分）

【ブラウニー】
- A
  - ビター板チョコ（刻む）…1枚(50g)×2
  - バター…25g×2
- 卵…1個×2
- B
  - 薄力粉…15g×2
  - 砂糖…大さじ1×2
  - ベーキングパウダー…1g×2

【生チョコ】
- ■生クリーム…40g
- C
  - 板チョコ（刻む）…2枚(100g)
  - はちみつ…小さじ1/2
  - バター…5g

【シロップ】
- D
  - 水…50cc
  - 砂糖…25g
- ■くるみ（刻む）…25g
- ■ココアパウダー…適量

1 まず、ブラウニーを1枚ずつ、計2枚焼く。Aは半量を耐熱容器に入れ、600Wの電子レンジで40秒加熱して溶かし、Bの半量を加えて混ぜる。クッキングシートを敷いたフライパンに流し入れ、ふたをして極弱火で20分焼く。同様にもう1枚焼く。

焦げやすいので必ず極弱火で焼こう〜！

2 耐熱容器に沸騰直前まで温めた生クリームとCを加え、30秒ほど待ってからよく混ぜ、生チョコを作る。Dを鍋に入れ、沸騰させたら冷ましてシロップを作る。

3 ブラウニーを1枚おき、シロップの半分をしみ込ませ、生チョコを半分塗り、くるみを散らす。更にブラウニーをのせ、シロップと生チョコを塗ったら冷蔵庫に入れて冷やす。

生チョコが固まってカットしやすくなるまで冷やそうーっ

4 4辺を切り落とし、6〜8等分して形を整えたらココアパウダーを振って完成。

食べた〜いっ

メレンゲスフレ
パンケーキ

材料 (6枚分)

A
- 卵黄…2個分
- 牛乳…20cc
- マヨネーズ…小さじ2
- ベーキングパウダー…小さじ1
- バニラエッセンス…適量

■ 薄力粉…30g

B
- 卵白…2個分
- 塩…ひとつまみ

■ 砂糖…20g
■ はちみつ、生クリーム、フルーツ、チャービルなど…好みで

1. ボウルにAを入れ、よく混ぜる。更に薄力粉を加え、ダマにならないようによく混ぜる。

マヨネーズを入れることでふんわりとした食感に!!味はしないので安心してねっ

このメレンゲ作りが一番大切!卵白はギリギリまで冷やして油分・水分のないキレイなボウルで泡立ててあげよう!!

2. 別のボウルにBを入れ、ハンドミキサーで泡立てる。泡が白くモコモコしてきたら砂糖を半分加え、更に30秒ほど泡立てたら残りの砂糖も加えて9分立てのメレンゲを作る。

3. 1のボウルに2のメレンゲの1/4を入れ、しっかり混ぜたら、その生地をメレンゲのボウルに一気に入れ、泡を潰さないように混ぜる。

そのメレンゲをしっかりと卵黄生地に合わせることで、残りのメレンゲの泡を消さずにフワフワの生地が作れるんだ

4. フライパンを熱して、一度ぬれ布巾において粗熱をとり、弱火で焼く(もしくはホットプレート140℃で焼く)。3の生地を直径10cmほどになるようこんもり盛る。ふたをして5分、ひっくり返してふたをし、3分焼けば完成! 好みではちみつや生クリームなどを添える。

フライパンで1枚1枚焼いているとその間にメレンゲ生地がどんどんしぼんじゃう…でも、ホットプレートなら一気に焼けるよ〜とても便利!

材料
(直径20cm 1ホール分／6人分)

A
- 卵…1個
- 牛乳…350cc
- 砂糖…20g
- アーモンドプードル…30g
- 溶かしバター…20g
- 重曹…小さじ1/2
- バニラエッセンス…適量

B
- ■ 薄力粉…100g
- 生クリーム…200cc
- 砂糖…40g
- ■ 好みのフルーツ（いちご、バナナ、ブルーベリー、キウイなど）…適量

1 ボウルにAを入れ、よく混ぜる。更に薄力粉を加え、ダマにならないように混ぜる。

アーモンドプードルを入れると風味がよくてふわっとしたンンンまい〜生地になるんだ

2 フライパンを中火で温めたら、1の生地をお玉半分くらい流し入れ、直径20cmほどの薄いクレープ生地を作る。生地がなくなるまで8〜10枚ほど作り、冷ましておく。

1枚だけ生地を大きめに焼いておこう〜！
えっ…なんで？

3 ボウルにBを入れ、ハンドミキサーで9分立てになるまで泡立てる。

しっかりとした生クリームを作れば、カットした時にキレイな仕上がりになる！

4 2の生地に生クリームを塗り、薄切りにした好みのフルーツをのせる。材料がなくなるまで繰り返して、最後に一番大きい生地をのせれば完成！ 好みで粉砂糖（分量外）を振る。

最後にのせるクレープ生地は一番大きく焼いたものにしよう！断面がすっぽり隠れるよ〜

フルーツの代わりに刻んだ板チョコとナッツを入れてザクザク食感にしてもンンンまい 詳しくはP95へ！

大人のブルーチーズケーキ

72

材料
（直径16cmタルト型 1個分）

- **A**
  - バター（常温）…25g
  - 砂糖…大さじ1と1/3
  - 塩…ひとつまみ
- 卵…1個
- 薄力粉…50g
- **B**
  - クリームチーズ（常温）…120g
  - ブルーチーズ（常温）…30g
  - 砂糖…大さじ1
- **C**
  - 牛乳…35cc
  - 溶かしバター…10g
  - くるみ（乾煎りする）…30g
  - 黒こしょう…少々
- 薄力粉…大さじ2

1 ボウルにAを入れ、よくすり混ぜる。卵を割り、卵黄1/2個分を加えて混ぜ、残りの卵はとっておく。更に薄力粉も加え、ダマにならないように混ぜてラップにくるみ、冷蔵庫で30分～1時間休ませる。

生地をねかせることでグルテンが落ち着き、サクッと食感のおいしいタルトに！

ブルーチーズの量は控え目にしてあるのでお好みで配合を変えてね～！
（例：クリームチーズ100g／ブルーチーズ50g）

2 別のボウルにBを入れ、よく練ったらCと1の残りの卵を加えて混ぜる。更に薄力粉も加え、ダマにならないように混ぜる。

はーーい！

3 タルト型にバターもしくは油（分量外）を塗り、薄く小麦粉（分量外）を振ったら、1の生地を薄くのばしたものをはりつけ、底にフォークで穴をあける。

プスッ プスッ プスッ

4 3に2の生地を流し入れたら、クッキングシートを敷いたフライパンの上にのせ、ふたをして、極弱火で30分焼き、そのまま10分放置する。冷蔵庫で冷やせば完成！

はちみつをかけて食べてもンンンまい～

タルト型はステンレス製のものを使用してね
熱伝導率が低いので、タルトが焦げにくいよ！
上のチーズ生地が水っぽかったら再度加熱してね
チーズは完璧に固まらなくてもOK！冷やせばしっかり固くなるよ～!!

オーブン不使用！ステンドグラスクッキー

材料（12〜16枚分）

- バター（常温）…50g
- 砂糖…30g
- 卵黄…1/2個分

A
- 薄力粉…60g
- アーモンドプードル…10g
- 塩…ひとつまみ
- バニラエッセンス…適量

- 好みの飴…適量

1 ボウルにバターを入れ、泡立て器でクリーム状になるまで練ったら、砂糖→卵黄→Aの順によく混ぜる。ラップにくるみ、冷蔵庫で30分ほど休ませる。

薄力粉とアーモンドプードルは使う前に、ふるっておこう〜‼
意味が違うよ…

余った生地で小さいクッキーも作っちゃおうっと♪

2 1の生地を厚さ8mm程度にのばし、中央に穴があくように型抜きをする。

3 トースターの天板にクッキングシートを敷いて生地を並べたら、アルミホイルで生地を覆い、1000Wで7分加熱し、扉を開けずに5分放置する。

トースターは、個体差があるのでもし焦げやすいようなら、700Wに下げ少し時間をのばして焼いてみて！

飴は、「透明→黄色」や「ピンク→赤」などグラデーションをつけるとオシャレだよ〜っ

4 穴があいている部分に砕いた飴を敷き詰め、アルミホイルで生地を覆って1000Wで2分加熱し、アルミホイルを取って更に1分加熱すれば完成！

ラストの1分の加熱は程良い焦げ目をつけるため‼
アツアツのうちは、生地がやわらかなので冷めるまで触れちゃダメ。

ほぼチョコとナッツのドロップクッキー

材料 (16〜18枚分)	A	カシューナッツ…30g マカダミアナッツ…30g ■バター(常温)…50g ■砂糖…30g ■卵黄…1/2個分	B	チョコチップ…70g 薄力粉(ふるっておく)…60g アーモンドプードル…10g ココアパウダー…10g 塩…ひとつまみ

1 Aのナッツは包丁でざっくり刻み、フライパンで乾煎りしておく。

ナッツはお好みのものでOK!

2 ボウルにバターを入れ、泡立て器でクリーム状になるまで練ったら、砂糖→卵黄→1とBの順によく混ぜ、ラップにくるんで冷蔵庫で30分ほど休ませる。

砂糖は控え目のレシピだけどその分チョコチップがた〜っぷりなので安心してね

3 2の生地を、厚さが1cm以下になるように丸く整え、クッキングシートを敷いたトースターの天板に並べる。

わっ!型は使わないんだね
フフフ…楽チンなのさ…

4 アルミホイルで生地を覆って1000Wで10分加熱し、扉を開けずに5分放置する。更にアルミホイルを取って1分加熱すれば完成!

生地がぶ厚いと生焼けになるので注意!あと、ココアで焦げ色が見えにくいので気をつけてね〜っ!!

ザックザク〜

材料 （20〜25枚分）	A	バター（常温） …30g クリームチーズ （常温）…50g 砂糖…35g	B	レモンの皮（すりおろす） …1/2個分 薄力粉…60g バニラエッセンス …適量

ボウルにAを入れたら、泡立て器でクリーム状になるまでよく練る。

1にBを加え、ダマにならないように混ぜる。棒状にしてラップにくるみ、冷凍庫で30分ほど冷やす。

2を端から厚さ5mmほどにカットする。

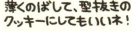
薄くのばして、型抜きのクッキーにしてもいいネ！

トースターの天板にクッキングシートを敷いて生地を並べたら、アルミホイルで覆って1000Wで10分焼き、扉を開けずに5分放置する。

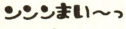
ンンンまい〜っ

扉を開けずに待つことで余分な水分が蒸発して上手に仕上がるんだ〜

…って聞いてないね

材料（30個分）

- **A**
  - 白玉粉…80g
  - 絹豆腐…40g
  - 牛乳…40cc
- **B**
  - 卵…1個
  - 砂糖…50g
  - 薄力粉…50g
  - ベーキングパウダー…小さじ1
- **C**
  - きな粉…30g
  - 砂糖…30g
  - 塩…ひとつまみ

1 白玉粉は密閉式保存袋に入れ、めん棒などを上から転がして、細かくしておく。

白玉粉が溶けきらないとダマになっちゃうんだ しっかり細かくしておこう

2 ボウルにAを入れ、ダマにならないようによく混ぜたら、そこにBを加えて更に混ぜる。

3 小鍋に揚げ油（分量外）を入れて170℃に熱し、2の生地をスプーンで丸めて落とし、きつね色になるまで揚げる。

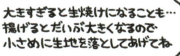

大きすぎると生焼けになることも… 揚げるとだいぶ大きくなるので 小さめに生地を落としてあげてね

4 ビニール袋にCを入れて混ぜ、冷めたドーナッツを投入し、袋を振ってまぶす。

翌日になると、あんまりおいしくなくなっちゃうんだ… 作ったその日に食べてね！

フライパンで！モンキーブレッド

材料
（直径18cmのフライパン1個分）

- **A** 牛乳…65cc / バター（常温）…10g
- **B** ドライイースト…2g / 砂糖…10g
- ■ 卵…1/2個
- **C** 強力粉…100g / 薄力粉…20g
- ■ 塩…ひとつまみ
- **D** 砂糖…30g / バター…20g

1 耐熱容器に **A** を入れ、500Wの電子レンジで20秒加熱して、耐熱ボウルに入れる。**B**→卵→**C**→塩の順に加え、それぞれよく混ぜる。

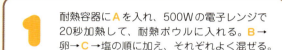
Aの牛乳はぬるければOK～熱すぎたら、冷まして使ってね

生地はベタつくのでしっかり打ち粉をしよう！

2 1の生地に濡れ布巾をかけ、200Wの電子レンジで30秒加熱したら、生地をよくこねて12等分にして丸める。

3 フライパンにクッキングシートを敷いたら **D** を入れ、弱火でよく溶かして冷ましておく。そこに2の生地を並べてふたをしたら、弱火で30秒加熱し、20分放置する。

今、発酵させているからふたは取っちゃダメだよ～

4 パン生地がよく膨らんだら、極弱火で20分焼く。焼いていた面が上になるように盛りつけて完成！

焼き面はカリッカリッ！パン生地はふんわ～り！
手で簡単にちぎれちゃうよ～

フライパンで！ふ・わ・ふ・わクリームパン

材料（6個分）

A	牛乳…120cc 砂糖…40g 卵…1個 バニラエッセンス…適量 ■薄力粉…15g	B	牛乳…65cc バター（常温）…10g
C	ドライイースト…2g 砂糖…10g	D	卵…1/2個 強力粉…100g 薄力粉…20g ■塩…ひとつまみ

板チョコ½枚を溶かすとチョコクリームになるよ!!

1 小鍋にAを入れ、よく混ぜたら薄力粉を加えてダマにならないように混ぜる。中火にかけ、ヘラで練ってカスタードクリームを作り、冷やしておく。

2 耐熱容器にBを入れ、500Wの電子レンジで20秒加熱して、耐熱ボウルに入れる。C→卵→D→塩の順に加え、それぞれよく混ぜる。

さっきのモンキーブレッドと同じ作り方だねーっ

いっぱいクリームを入れた方がンンンまい〜

3 2の生地に濡れ布巾をかけ、200Wの電子レンジで30秒加熱したら、生地をよくこねて6等分し、1のクリームを等分に包んで丸める。

クリームの代わりに、あんこやカレー、チーズとトマトソースなど色々アレンジしてもいいね！

4 フライパンにクッキングシートを敷き、3を入れてふたをしたら、弱火で30秒加熱し、20分放置する。パン生地がよく膨らんだら、極弱火で20分焼いて完成！

生地の上の部分が生っぽかったら、追加で加熱してあげてねーっ

リンゴの
ガトーインビジブル

材料（2個分）

- リンゴ…1個（正味200g）
- **A** 卵…1個 / 砂糖…大さじ2
- 薄力粉…35g
- **B** 溶かしバター…20g / バニラエッセンス…適量
- ラム酒漬けレーズン…20g
- 粉砂糖、生クリーム、フルーツなど…好みで

1 牛乳パックの筒の部分を4cm幅にカットしたものを2つ用意する。リンゴは皮をむいて縦に4等分し、種を取って薄くスライスする。

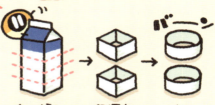

リンゴスライスは厚さ2～3mm！
4cm幅にカットして／側面を細かく折ると／丸いセルクル型に!!

材料を全部加えた後はリンゴが折れないようにやさし～く混ぜてね

2 ボウルにAを入れ、よく混ぜたらふるった薄力粉を加え、ダマにならないように混ぜる。そこにBも加えてよく混ぜたら、スライスしたリンゴを加え、生地をまんべんなく絡ませる。

3 フライパンにクッキングシートを敷いて1の牛乳パックを2つ置いたら、その中に2の生地を1/4ずつ敷き詰める。レーズンを散らし、残りの生地も敷き詰める。

セルクル型／クッキングシート

真ん中にレーズンの層ができる感じ!!
リンゴ生地／リンゴ生地

冷ましてから、生地を型から抜いた方が上手に取れるよ リンゴが層になっててキレイ◇
まだダメ―ッ 冷やし中～っ

4 フライパンにふたをして、極弱火で20分焼く。ひっくり返してふたをし、15分焼いたら完成！よく冷ましたら型から出し、粉砂糖や生クリームなどで飾りつけ、カットして召し上がれ。

じゃがいものガトーインビジブル

材料（2個分）

- じゃがいも…2個（正味150〜200g）
- A
  - 卵…1個
  - 牛乳…10cc
  - 溶かしバター…20g
  - 砂糖…大さじ1/2
  - 粉チーズ…10g
  - 塩…ひとつまみ
  - 黒こしょう…少々
- 薄力粉…35g
- ベーコン…50g
- マヨネーズ、ケチャップ…好みで

1　牛乳パックの筒の部分を4cm幅にカットしたものを2つ用意する。じゃがいもは皮をむき、縦に2等分したら、薄くスライスしておく。

リンゴのガトーインビジブルと同じ牛乳パック型を四角いまま使うよ〜！

フム！

お好みでバジルなどを入れてもおいしいよっっ

2　ボウルに**A**を入れ、よく混ぜたらふるった薄力粉を加え、ダマにならないように混ぜる。そこに、スライスしたじゃがいもを加え、生地をまんべんなく絡ませる。

3　フライパンにクッキングシートを敷いて**1**の牛乳パックを2つ置いたら、その中に**2**の生地を1/4ずつ敷き詰める。ベーコンを敷いたら、残りの生地も敷き詰める。

じゃがいもがたてにならないように敷き詰めよう！

 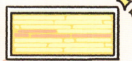

朝食などにもいいね〜

モッ　モッ

4　フライパンにふたをして、極弱火で20分焼く。ひっくり返してふたをし、15分焼いたら完成！よく冷ましたら型から出してカットし、好みでマヨネーズやケチャップをかけて召し上がれ。

ベーコンの代わりにソーセージでもいいしアボカドを加えても！アレンジ自在!!

ハニーチーズ
ハッセルバック

材料
（15〜18cmのさつまいも1本分）

- A
  - 薄力粉…15g
  - 砂糖…5g
  - バター…15g
- くるみ…20g
- さつまいも…1本
- 溶かしバター…10g
- スライスチーズ（とろけるタイプ）…2枚
- はちみつ…適量

1 ボウルにAを入れ、指先ですり混ぜ、そぼろ状にする。フライパンに入れ、刻んだくるみを加えたら、カリカリになるまで中火で焼いて冷ましておく。

そぼろ状は細かくなりすぎないように！
もはやこれじゃあ粉…
パラパラ
ガーン

最後まで切りきらないでね
だいたい7〜8分目まで！

2 さつまいもに10か所ほど切り込みを入れる。ぬらしたキッチンペーパーでくるみ、更にラップで包んで500Wの電子レンジで6分ほど加熱する。

チーズはお好みのものでOK
塩気があるものの方がンンンまい〜

3 2のさつまいもをアルミホイルで作った器に入れ、溶かしバターをまんべんなく塗ったら、切り込みにチーズを等分に挟む。

もっもっ コソッ

4 魚焼きグリル（もしくはトースター）で、弱火で10分ほど焼く。チーズやさつまいもの皮がカリカリになったら取り出し、1のクランブルとくるみ、はちみつをかける。

ま…ま…まぶしい!!

カリカリなクランブルとくるみ！
トロトロなチーズとはちみつ！
ほっくほくなさつまいも!!!

スイート大学いも

材料 (さつまいも 1本分)	■さつまいも …1本(400g) ■好みのナッツ …30g	A	バター…15g 砂糖…大さじ3 塩…ふたつまみ バニラエッセンス…少々
	■バニラアイス…好みで		

1 さつまいもは洗って乱切りにし、水を張ったボウルに10分ほど浸けて水切りしておく。ナッツはざっくり刻み、フライパンで乾煎りする。

2 1のさつまいもを耐熱ボウルに入れ、500Wの電子レンジで4分加熱する。熱したフライパンにAとさつまいもを入れる。

3 中火にかけ、さつまいもに焦げ目がついてきたら1のナッツを加える。全体的に程良くきつね色になったら火を止める。

4 皿に盛り、好みでバニラアイスをのせたら完成。

COLUMN

おまけのアレンジレシピ

コーヒーのスコッププリン

材料（幅18.5×奥行18.5×高さ5.5cmの耐熱容器1つ分）

- カラメル…P19の**A**と同じ
- **B**
  - 卵…3個　牛乳…300cc　黒糖…45g
  - コーヒー（インスタント）…大さじ1
  - ラム酒（好みで）…小さじ1
- 生クリーム、ミントなど…好みで

1 P19の**1**の通りにカラメルを作り、容器の底に流しておく。

カラメルの材料と手順はP19を見てね

2 ボウルに**B**を入れ、よく混ぜたら一度こし、**1**の容器にゆっくり流し入れる。
あとはP19の**3**と同様に、フライパンで30分蒸し焼きにし、ふたを取らずに30分余熱で火を通す。

黒糖は白砂糖でもOK～！

3 **2**のプリンを冷蔵庫で十分冷やしたら、生クリーム、ミントなどで飾りつける。

いいな～

黒糖のコクとほろ苦さが大人の味～♪

ミルクの九龍球

材料（22〜25個分）
- A: 粉ゼラチン…12g / 水…50cc
- 牛乳…200cc
- B: 砂糖…大さじ2 / バニラエッセンス…適量
- みかん（缶詰）…適量
- 黒蜜…好みで

1 器にAを入れて、ゼラチンをふやかしておく。小鍋に牛乳を入れて沸騰直前まで温めたら、AとBを加えて混ぜ溶かす。火を消して、少し冷ましておく。

牛乳は沸騰させないように気を付けてね

2 P45の2〜4の通りに小さい球状の製氷皿にみかんと1のゼラチン液を注ぎ、冷やし固める。好みで黒蜜をかけて召し上がれ！

わー！和風の九龍球だ〜！

ざくざくミルクレープ

材料（直径20cm 1ホール分／6人分）
- クレープ生地…P71のAと同じ＋薄力粉100g
- B: 生クリーム…200cc / 砂糖…40g
- C: 板チョコ（刻む）…1枚(50g) / アーモンド（刻む）…25g / くるみ（刻む）…25g
- ココアパウダー…好みで

1 P71の1〜2の通りにクレープ生地を8〜10枚ほど作り、冷ましておく。

クレープ生地の材料と手順はP71を見てね

2 ボウルにBを入れ、ハンドミキサーで9分立てになるまで泡立てたら、Cを加えてゴムベラでさっくり混ぜる。

チョコはできるだけ細かく刻もう

3 1の生地に2を塗る。これを材料がなくなるまで繰り返して、最後に一番大きい生地をのせる。好みでココアパウダーを振る。

ナッツとチョコの食感がたまらない〜っ

STAFF

撮 影　三好宣弘（スタジオ60）
デザイン　五十嵐ユミ
フードアシスタント＆
フードスタイリング　井上裕美子　亀井真希子　渡邉はるひ（エーツー）
校 正　東京出版サービスセンター
編 集　森 摩耶（ワニブックス）

一度は作ってみたい!!
ぼくの魔法のおやつ

ぼく　著

2017年11月30日　初版発行

発行者　横内正昭
編集人　青柳有紀
発行所　株式会社ワニブックス
　　　　〒150-8482
　　　　東京都渋谷区恵比寿4-4-9　えびす大黒ビル
電 話　03-5449-2711（代表）
　　　　03-5449-2716（編集部）
ワニブックスHP　http://www.wani.co.jp/
WANI BOOKOUT　http://www.wanibookout.com/
印刷所　株式会社 美松堂
製本所　ナショナル製本

定価はカバーに表示してあります。
落丁本・乱丁本は小社管理部宛にお送りください。送料は小社負担にてお取替えいたします。
ただし、古書店等で購入したものに関してはお取替えできません。
本書の一部、または全部を無断で複写・複製・転載・公衆送信することは
法律で認められた範囲を除いて禁じられています。
©boku 2017　ISBN 978-4-8470-9632-7